BEI GRIN MACHT SICH IHR WISSEN BEZAHLT

- Wir veröffentlichen Ihre Hausarbeit,
  Bachelor- und Masterarbeit

- Ihr eigenes eBook und Buch -
  weltweit in allen wichtigen Shops

- Verdienen Sie an jedem Verkauf

Jetzt bei www.GRIN.com hochladen und kostenlos publizieren

Bibliografische Information der Deutschen Nationalbibliothek:

Die Deutsche Bibliothek verzeichnet diese Publikation in der Deutschen National-
bibliografie; detaillierte bibliografische Daten sind im Internet über http://dnb.d-
nb.de/ abrufbar.

Impressum:

Copyright © 2012 GRIN Verlag, Open Publishing GmbH
Druck und Bindung: Books on Demand GmbH, Norderstedt Germany
ISBN: 9783668391925

Dieses Buch bei GRIN:

http://www.grin.com/de/e-book/351661/die-entwicklungstheorie-des-moralischen-
urteils-nach-lawrence-kohlberg

Vanessa Möbes

Die Entwicklungstheorie des moralischen Urteils nach Lawrence Kohlberg. Kritik von Carol Gilligan in Bezug auf die weibliche Moralentwicklung

GRIN Verlag

„Die Entwicklungstheorie des moralischen Urteils nach Kohlberg und die Kritik von Carol Gilligan in Bezug auf die weibliche Moralentwicklung."

Vanessa Möbes

Inhaltsverzeichnis

1 Einführung

„Kohlberg war ein vielgesuchter und vielbesuchter Wissenschaftler, der sich aber nicht nur feiern, sondern von seinen Kritikern auch beeindrucken ließ."[1]

Die Moral hat einen eindeutigen gesellschaftlichen Zweck in unserer Lebenswelt, denn sie lenkt unser soziales Handeln und ermöglicht so eine Förderung der Gerechtigkeit innerhalb unserer Gesellschaft.[2] Doch das moralische Bewusstsein ist nicht nur von eminenter Bedeutung für unsere komplexe Gesellschaft, sondern zudem ein wichtiger Bestandteil des Selbstwerts der Individuen. Auch Kohlberg erkannte bereits in den 1950er Jahren den hohen Stellenwert des moralischen Urteils und entwickelte eine auf Piagets Ansatz basierende Theorie, die dem Zweck diente, die Entwicklungsstufen der Moral vom Kindesalter bis zum Erwachsenenalter nachvollziehen zu können. Diese Theorie war Ausgangspunkt für die Arbeit verschiedenster Erziehungswissenschaftler und Psychologen, aber auch die Moralerziehung von Eltern und Pädagogen wurde durch dieses Modell beeinflusst. Vor allem Carol Gillian, eine seiner wissenschaftlichen Mitarbeiterinnen an der Harvard University, ließ sich von Kohlberg beeinflussen. Sie erkannte jedoch, dass Kohlbergs Methode der Messung der Moral eines Individuums - im Gegensatz zu seinen Behauptungen - nicht die Universalität versprach, die erwünschenswert wäre. In dem folgenden Text wird der Ansatz von Lawrence Kohlberg skizziert, um Carol Gilligans Kritik an seiner Arbeit nachvollziehen zu können. Darauffolgend wird Gilligans Theorie bezüglich Kohlbergs Modell genauer beleuchtet und erläutert.

2 Die Kognitive Entwicklungstheorie des moralischen Urteils von Kohlberg

Lawrence Kohlberg (1927-1987) war ein US-amerikanischer Psychologe und Professor für Psychologie der Harvard University, an der er bis zu seinem Tode forschte und lehrte. Er beschäftigte sich vor allem mit dem Thema der Moral und schöpfte

---

[1] Flammer, Entwicklungstheorien, S. 141.

[2] Becker: Kohlberg und seine Kritiker, S. 16.

Inspiration aus dem Ansatz von Piaget, den er weiterführend systematisierte und differenzierte.[3] Kohlberg entwickelte mit seinen Mitarbeitern das *Moral Judgement Interview* – eine Methode, die es ihm ermöglichte seine Annahme der „kognitiven Entwicklungstheorie der moralischen Entwicklung"[4] zu stützen. Laut Kohlberg durchläuft jeder Mensch in der Entwicklung seiner Moral verschiedene Stadien des moralischen Urteils. Für gewöhnlich lässt sich bei dieser Theorie ein Zusammenhang zwischen dem Lebensalter und dem Grad der Moralentwicklung beobachten, es können jedoch auch zwischen Menschen desselben Alters Unterschiede der Reife bestehen. Im Folgenden werden die insgesamt sechs Stufen der Moralentwicklung nach Kohlberg erläutert.[5]

2.1 Die Entwicklungsstufen des moralischen Urteils nach Kohlberg

Kohlberg fasste die Dimensionen der Moralität in drei Ebenen zusammen, die jeweils zwei Stufen der moralischen Entwicklung enthalten.[6] „Die Stufen eins und zwei gehören somit der präkonventionellen, die Stufen drei und vier der konventionellen und die Stufen fünf und sechs der postkonventionellen Ebene an."[7]

I Präkonventionelle Ebene

Stufe 1 – Orientierung an Strafe und Gehorsam[8]

In der ersten Stufe des moralischen Urteils ist das Subjekt an Strafe und Gehorsam orientiert. In dieser Stufe werden Anforderungen strikt befolgt und ihr Sinn nicht hinterfragt. Das moralisch „richtige" Handeln wird von dem Individuum mit Gehorsamkeit in Zusammenhang gebracht. Auch die Akzeptanz von Strafen bei nicht

---

[3] Vgl. ebd., S. 140-141.

[4] Lind: Ist Moral lehrbar, S. 69.

[5] Ebd., S. 69ff.

[6] Vgl. ebd., S.141.

[7] Garz, Sozialpsychologische Entwicklungstheorie, S. 102.

[8] Vgl. Scheibenpflug: Die höchste Stufe der Moral, S. 26.

Erfüllung der Anforderungen, beziehungsweise das Erwarten einer Belohnung bei korrektem Verhalten ist ein Kennzeichen dieser Stufe. Das Subjekt erkennt ausschließlich den Nutzen des gehorsamen Verhaltens und lässt die „Macht" entscheiden, was richtig ist.[9]

Stufe 2 – Instrumenteller Hedonismus und konkrete Reziprozität[10]

Das Subjekt ist in der zweiten Stufe an den instrumentellen Zwecken und dem Austausch interessiert. Hier spielt vor allem die egozentrische Perspektive eine große Rolle, denn das Hauptziel ist es, die eigenen Bedürfnisse zu befriedigen. Trotzdem wird auch anderen das Recht eingeräumt, die eigenen Interessen zu verfolgen, wenn das Subjekt dafür in einem wechselseitigen Verhältnis von dieser Abmachung profitiert.[11]

II Konventionelle Ebene

Stufe 3 – Orientierung an zwischenmenschlichen Beziehungen der Gegenseitigkeit[12]

In dieser Stufe orientiert sich das Subjekt an der Idee der wechselseitigen und zwischenmenschlichen Erwartungen und Beziehungen. Mitmenschen werden in dieser Stufe bewusst wahrgenommen und auch ihre Erwartungen werden reflexiv vermutet und versucht zu erfüllen. Die Bezugsgruppen für diese Stufe der moralischen Urteilsfähigkeit bilden vor allem die Familie und der Freundeskreis, da sie „durch Vertrauen, Respekt und Dankbarkeit bestimmt"[13] sind. [14]

Stufe 4 – Aufrechterhaltung der sozialen Ordnung, unveränderbare Regeln der Autorität[15]

Die vierte Stufe repräsentiert die Orientierung des Subjekts an dem Erhalt des sozialen Systems, das die Einhaltung von Gesetzen, sowie ein Bewusstsein für eine soziale

---

[9] Vgl. Garz: Sozialpsychologische Entwicklungstheorie, S. 102.

[10] Vgl. Scheibenpflug: Die höchste Stufe der Moral, S. 26.

[11] Vgl. Garz: Sozialpsychologische Entwicklungstheorie, S.103.

[12] Vgl. Scheibenpflug: Die höchste Stufe der Moral, S. 26.

[13] Garz: Sozialpsychologische Entwicklungstheorie, S. 103.

[14] Vgl. ebd.

[15] Vgl. Scheibenpflug: Die höchste Stufe der Moral, S. 26.

Ordnung voraussetzt. Dabei können beispielsweise staatliche, aber auch religiöse Institutionen die Richtung der moralischen Vorstellungen vorgeben. Im Gegensatz zu der dritten Stufe, in der es um das Verhältnis von einem Subjekt zu einem anderem Subjekt ging, bestimmt in dieser Stufe das Verhältnis des Subjekts zum System die Moralvorstellungen.[16]

III Postkonventionelle Ebene

Stufe 5 – Sozialer Kontrakt von Gesetzen nach ihrer Nützlichkeit aufstellen[17]

Die fünfte Stufe kennzeichnet eine Orientierung des Subjekts an dem Sozialvertrag und das Einnehmen der von der Gesellschaft verordneten Perspektive. In dieser Stufe greift die Erkenntnis, dass auch gut organisierte autoritäre Systeme unmoralische Denkweisen beinhalten können, ein Beispiel dafür wäre der Nationalsozialismus des Hitler-Regimes. Im Gegensatz zu der vierten Stufe hat das Subjekt in dieser Stufe das Verlangen nach einer Garantie der Grundrechte und eines demokratischen Verfahren zur Regelung der weiteren Gesetze.[18]

Stufe 6 – Orientierung an universellen und ethischen Prinzipien[19]

„Jedoch können auch demokratische Verfahren Unrecht produzieren".[20] Das Subjekt orientiert sich in dieser Stufe an fundamentalen ethischen Prinzipien und versucht, durch das Einnehmen verschiedenster Standpunkte selbst zu entscheiden, was gerecht ist. In dieser Stufe haben nur gesellschaftliche Konventionen und Gesetze eine Gültigkeit, die nach der Meinung des Subjekts auf Prinzipien beruhen. Bei diesen Prinzipien handelt es sich um universale Prinzipien der Gerechtigkeit, denn die Gleichberechtigung aller Menschen ist zu achten. Die Gründe des moralischen Urteils der sechsten Stufe sind der Glaube an die universellen moralischen Prinzipien und die persönliche Verpflichtung diesen gegenüber.[21]

---

[16] Vgl. Garz: Sozialpsychologische Entwicklungstheorie, S.103.

[17] Vgl. Scheibenpflug: Die höchste Stufe der Moral, S. 26.

[18] Flammer, Entwicklungstheorien, S. 143.

[19] Vgl. Scheibenpflug: Die höchste Stufe der Moral, S. 26.

[20] Flammer, Theorie der Entwicklung des moralischen Urteils, S. 143.

[21] Vgl. Kohlberg: Die Psychologie der Moralentwicklung, S. 132.

2.2 Die Ermittlung des moralischen Urteils nach Kohlberg

Die Methode der Ermittlung des moralischen Urteils nach Kohlberg gliedert sich in drei Einheiten. Als erstes gilt es, dem Individuum ein *hypothetisches Dilemma* vorzustellen, darauffolgend wird das Subjekt struktural interviewt und abschließend erfolgt eine Auswertung des Interviews. In dem bereits erwähnten Dilemma stehen sich verschiedene moralische Werte gegenüber, „die sich gegenseitig ausschließen, so dass die befragte Person sich für eine Alternative entscheiden muss"[22]. Kohlberg arbeitet bewusst mit *hypothetischen Dilemmata*, da er sich gewisse Vorteile durch eine solche Vorlage erhofft. Durch diese *hypothetischen Dilemmata* ist es Kohlberg ermöglicht, eine Längsschnittstudie durchzuführen, die auf alle Altersstufen anwendbar ist, denn nur so kann eine Langzeitstudie durchgeführt werden, die eine Vergleichbarkeit der Antworten gewährleistet. Zudem sollen die Dilemmata für alle Probanden gleich ansprechend sein und Themen vermieden werden, die bestimmten Gruppen Vorteile bzw. Nachteile verschaffen könnten. Insgesamt muss eine „richtige Mischung" aus lebensweltlicher Distanz und der Nachvollziehbarkeit vorhanden sein.[23]

Das Heinzschen Dilemma ist das bekannteste *hypothetische Dilemma* der Kohlbergschen Theorie und bezieht sich auf den Mann Heinz, dessen Frau an lebensbedrohlichen Krebs erkrankt ist. Es gibt ein Medikament, um der Frau von Heinz zu helfen, doch der Apotheker verlangt unverhältnismäßig viel Geld, das der Mann der todkranken Frau nicht aufbringen kann. Nachdem Heinz sich Geld von Bekannten geliehen hat, kann er etwa die Hälfte des Preises zusammenbringen und bittet den Apotheker, ihn das Medikament günstiger zu verkaufen, oder ihn einen finanziellen Aufschub zu gewähren. Der Apotheker verwehrt seine Bitte und argumentiert damit, dass er auch Geld verdienen möchte. Heinz' Überlegungen sind nun, nachdem er alle legalen Mittel ausprobiert hat, das Medikament zu stehlen.[24]

---

[22] Garz: Sozialpsychologische Entwicklungstheorie, S. 107.

[23] Vgl. ebd., S.106f.

[24] Heidbring: Einführung in die Moralpsychologie, S. 71.

Nachdem den Befragten dieses Dilemma vorgestellt wird, kommt es zu einem *strukturalen Interview*, dessen Ziel es ist „die Meinungen, Einstellungen oder Überzeugungen eines Subjekts zu durchdringen und zu dem Grund oder der Rechtfertigung vorzustoßen, die sie leiten."[25] Die Aufgabe des Interviewers besteht darin, den Befragten die höchst erreichbare Stufe des moralischen Urteils durch geschicktes Fragen hervorzulocken.[26]

Der letzte Schritt der Kohlbergschen Methode ist die Auswertung der in dem Interview erhobenen Antworten. Für das Auswerten wird ein Handbuch mit Musterantworten genutzt, das während der Längsschnittstudie Kohlbergs entstand.[27]

Anhand der Auswertungen des Interviews kann nun eine bestehende Stufe der Moral bei den Befragten festgestellt werden, die sich nach Kohlberg im Laufe des Lebens verändern kann.

3 Carol Gilligans Kritik an Kohlbergs Theorie der Moralentwicklung

Im Folgenden wird speziell auf die Kritik von der US-amerikanischen Psychologin Carol Gilligan eingegangen, die in ihrer 1982 vorgelegten Arbeit „In a different voice" bemängelt, dass Kohlbergs Ansatz nur einen Bereich der moralischen Theoriebildung abdeckt.[28]

Carol Gilligan wurde 1936 in New York geboren und studierte Englische Literatur, Psychologie und Sozialpsychologie. Im Jahre 1964 promovierte sie in Sozialpsychologie und lehrte an der Harvard University.[29] Im Jahre 1970 wurde Gilligan eine Mitarbeiterin von Kohlberg und assistierte ihm bei seinen Forschungsarbeiten. Im Gegensatz zu Kohlberg lag Gilligans Hauptfokus auf der

---

[25] Ebd., S.111.

[26] Vgl. ebd., S. 109ff.

[27] Ebd.

[28] Vgl. Scheibenpflug: Die höchste Stufe der Moral, S. 109ff.

[29] Vgl. NYU School of Law: http://its.law.nyu.edu/facultyprofiles/profile.cfm? section=bio&personID=19946 .

Moralentwicklung von Mädchen. Die Psychologin kritisierte Kohlbergs Arbeiten mit der Begründung, dass in seinen Studien ausschließlich weiße Jungen und Männer aus den privilegierten Schichten genommen wurden. Ihrer Meinung nach verzerrte diese Methode das Bild der Moral von Frauen. Zudem bemängelte Gilligan an Kohlbergs Stufenmodell, dass die männliche moralische Meinung grundsätzlich höher eingestuft wurde, als die der Frauen.[30]

Frauen erleben laut Gilligan Beziehungen anders, als Männer sie wahrnehmen. Gilligan bezieht sich auf ein Argument von Nancy Chodorows, dass „sich Mädchen demnach von frühester Kindheit als weniger ungleichartig als Jungen erleben, weil sie von einer Person desselben Geschlechts aufgezogen werden"[31]. Die Schlussfolgerung Gilligans ist, dass die Entwicklung von Jungen durch die Ablösung von der Mutter geprägt ist, wohingegen Mädchen ihre Identität durch die Bindung zu ihrer Mutter entwickeln.[32] Durch diesen Unterschied der Vorstellungen von Mädchen und Jungen entsteht ein Problem bei der Interpretation des moralischen Urteils der beiden Geschlechter, da gleichaltrige in demselben Dilemma verschiedene moralische Probleme sehen können. Während die Argumentationsweise des Modells von Kohlberg Männern logisch und einleuchtend erscheint, ist diese für Mädchen nicht nachvollziehbar.[33] Die Jungen im Alter von elf Jahren reagieren altersgerecht auf das Stufenmodell von Kohlberg, zeigen für gewöhnlich eine Mischung des dritten und vierten Stadium und somit die Fähigkeiten auf, eine deduktive Logik bezüglich des Lösungsweg anzuwenden und den Unterschied zwischen Moral und Gesetz zu begreifen. Im Gegensatz dazu fällt es den Mädchen gleichen Alters deutlich schwerer, auf gleichem Niveau zu argumentieren.[34] Die Reaktionen der Mädchen auf das moralische Dilemma von Kohlberg vermitteln den Eindruck des Mangels an Logik und der Unfähigkeit, selbst zu denken.[35]

---

[30] Vgl. Scheibenpflug: Die höchste Stufe der Moral, S. 109ff.

[31] Scheibenpflug: Die höchste Stufe der Moral, S. 110.

[32] Vgl. Scheibenpflug: Die höchste Stufe der Moral, S. 110.

[33] Vgl. Gilligan: Die andere Stimme, S. 36f.

[34] Vgl. Gilligan: Die andere Stimme, S. 40.

[35] Vgl. Ebd.

Im Gegensatz zu Jungen versuchen die Mädchen, das Dilemma nicht wie ein „mathematisches Problem"[36] zu lösen, sondern sie erkennen in dem Dilemma „eine Geschichte von Beziehungen, die sich über einen längeren Zeitraum erstreckt"[37].

Um die Argumentation von Gilligan nachvollziehen zu können, folgt nun die beispielhafte Antwort der elfjährigen Amy auf das Heinzschen Dilemma:

Auf die Frage, ob Heinz das Medikament für seine kranke Frau klauen soll, antwortet sie sehr ausweichend und unsicher. Sie sucht nach anderen Lösungsweisen, wie einen Kredit, oder der Möglichkeit, das fehlende Geld für Medikamente eventuell borgen zu können. Auch bei der Frage, weshalb der Mann das Medikament nicht stehlen soll, thematisiert sie nicht das Gesetz, sondern verdeutlicht, dass der Diebstahl Heinz in das Gefängnis bringen und er sie nicht weiterhin mit Medikamenten versorgen könnte. Sie erkennt, dass das Überleben der Frau durch die Beziehung zu ihrem Mann und der zu dem Apotheker abhängig ist. Sie argumentiert zudem, dass das Versterben der Frau schlecht für die Menschen in ihrer Umgebung wäre.[38] Für Amy ist das Dilemma kein geschlossenes Problem moralischer Logik und somit erkennt sie „auch nicht die innere Struktur seiner Lösung; da sie selbst das Problem anders sieht, kommt ihr die Kohlbergs Auffassung gar nicht in den Sinn."[39]

Gilligan bemängelt, dass in den Forschungen, aus denen Kohlberg seine Theorien ableitet Frauen von vornherein gar nicht existieren. Die Theorie der Entwicklungsstufen der Moral nach Kohlberg basiert auf empirischen Untersuchungen, in denen 84 Jungen und deren Entwicklung in einem Zeitraum von 20 Jahren untersucht wurden. Obwohl Kohlberg bei seinem Modell von Universalität spricht, erreichen die meisten Versuchsgruppen nicht die höheren Stufen seines Modells. Vor allem Frauen scheinen besonders defizitär zu sein, da ihr moralisches Urteil hauptsächlich der dritten Stufe seines sechsstufigen Schemas entspricht. Dieses Stadium beschreibt die Moral in zwischenmenschlichen Beziehungen, in dem „gut sein" in Verbindung mit „Anderen

---

[36] Ebd., S. 41.

[37] Ebd., S. 41.

[38] Vgl. ebd., S. 41f.

[39] Ebd., S. 42.

eine Freude machen" gleichgesetzt wird. Das Problem ist, das genau diese typischen weiblichen Charakterzüge, wie Fürsorge und die Einfühlsamkeit nach Kohlberg als defizitär für ihre moralische Entwicklung gelten.[40] Im Gegensatz zu der Denkweise von Männern besteht für Frauen Logik vor allem aus einer Ethik der Anteilnahme, die sich vor allem auf die zwischenmenschlichen Beziehungen bezieht und den Gegensatz zu der männlichen Logik der Fairness und Gerechtigkeit steht.[41]

4 Schlusswort

Der Kohlbergsche Ansatz war und ist Anlass für viele Diskussionen. Kohlbergs Theorien des moralischen Urteils waren von den 1960er- bis in die 1980er Jahre bahnbrechend und bestimmten die derzeitige pädagogische Praxis – nicht nur in den USA. Auf Studien basierend und somit empirisch belegt entwickelte er ein Modell, das er als universal anwendbar beschrieb. Durch sein Verfahren sollte es ermöglicht werden, für jeden Befragten eine seiner moralischen Urteilsfähigkeit angepasste Stufe möglichst genau und effektiv zu ermitteln. Obwohl Carol Gilligan als Mitarbeiterin von Kohlberg fungierte, arbeitete sie auch an eigenen Theorien bezüglich der Moral von Frauen und erkannte, dass das Modell von Kohlberg nicht die Allgemeingültigkeit mit sich brachte, die versprochen wurde. Obzwar sie sich auf die weibliche Moralentwicklung spezialisiert hatte, bemängelte sie nicht nur, dass die Moral von Frauen in dieser Theorie nicht beachtet wird, sondern dass auch Männer nicht grundsätzlich in das Muster der Entwicklungsstufen passen. Gilligan stellte fest, dass bei Frauen das Problem besteht, das sie durch ihre Erziehung und weitere Faktoren eine andere Vorstellung von Moral haben, die nicht als besser oder schlechter eingestuft werden kann. Die Psychologin erkannte, dass das Kohlbergsche Modell des moralischen Urteils nicht auf die Bedürfnisse der weiblichen Moral zugeschnitten ist und entwickelte basierend auf Kohlbergs Stufenmodell und ihrer Kritik ein speziell auf Frauen zugeschnittenes Modell, das Beziehungen, Fürsorge und ein für Frauen nachvollziehbares Dilemma beinhaltet.

---

[40] Vgl. ebd., S. 28f.

[41] Vgl. Scheibenpflug: Die höchste Stufe der Moral, S. 111.

5 Literaturverzeichnis:

Becker, Günter: Kohlberg und seine Kritiker – die Aktualität von Kohlbergs Moralpsychologie, 2011, VS Verlag für Sozialwissenschaften, Wiesbaden.

Flammer, August: Entwicklungstheorien – psychologische Theorien der menschlichen Entwicklung, 2005, Huber, Bern.

Garz, Detlef: Sozialpsychologische Entwicklungstheorien – von Mead, Piaget und Kohlberg bis zur Gegenwart, 2008, VS; Verlag für Sozialwissenschaften, Wiesbaden.

Gilligan, Carol: Die andere Stimme – Lebenskonflikte und Moral der Frau, 1984, Piper, München (u.a.).

Heidbring, Horst: Einführung in die Moralpsychologie, 2008, Berltz, PVU, Einheim (u.a).

Kohlberg, Lawrence: Die Psychologie der Moralentwicklung, 2006, Suhrkamp, Frankfurt am Main.

Lind, Georg: Ist Moral lehrbar? – Ergebnisse der modernen moralpsychologischen Forschung, 2002, Logos-Verlag, Berlin.

Scheibenpflug, Helga: Die höchste Stufe der Moral – adäquate Beschreibung anhand des Stufenmodells der Moralentwicklung von Lawrence Kohlberg unter Weiterüfhung der Kritik der praktischen Vernunft Immanuel Kants; mit Kritik der Theorie religiöser Entwicklung Oser & Gmünders.

Internetquellen:

NYU School of Law (Arbeitsstelle – Gilligan):

http://its.law.nyu.edu/facultyprofiles/profile.cfm?section=bio&personID=19946

- abgerufen am 12.07.2013.